TOP *Erdkunde*

Amerika

Peter Kirch

Jürgen Nebel

Liebe Schülerin, lieber Schüler,

Amerika wird oft als „neue Welt" bezeichnet. Tatsächlich wurde der Kontinent von der „alten Welt" Europa aus beinahe zufällig entdeckt.

Kolumbus versuchte, auf westlicher Route nach Indien zu gelangen. Das Land, das er nach langer Schiffsreise 1492 sichtete, war jedoch eine kleine Insel, die vor dem Festland eines neuen Erdteils lag: **Amerika**!

Aufgabe
Löse die Aufgabe, indem du hier etwas einträgst, ausfüllst, suchst, rätselst, ergänzt.

Atlas
Dein wichtigstes Hilfsmittel! Wo dieses Zeichen erscheint, löst du die Aufgabe mit einer passenden Atlasseite.

Buntstifte
Zeichne die jeweilige Lösung.

Internet
Recherchiere im Internet.

Info
Diese Texte sind zum Verständnis sehr wichtig, spannend und informativ. Lies sie aufmerksam!

Plus-Seiten
Seiten für TOP-Spezialisten!

Mein TOP *Erdkunde* Amerika

Vorname	Alter
Name	Klasse
Straße	Name der Schule
Wohnort	Bundesland

Der Doppelkontinent Amerika

Amerika ist mit etwa 42 Mio. km² die zweitgrößte Festlandsfläche auf der Erde. Es ist ein Doppelkontinent, der aus zwei gewaltigen Landmassen besteht. Eine schmale Landbrücke verbindet die beiden Teile. Insgesamt ist Amerika nur wenig kleiner als Asien (44 Mio. km²), aber mehr als viermal so groß wie Europa (10 Mio. km²). Die Frage, wo Nordamerika endet und Südamerika beginnt, ist nicht so leicht zu beantworten. Es hängt davon ab, welche Gesichtspunkte man für die Abgrenzung nimmt. Häufig wird die schmalste Stelle zwischen beiden Landmassen als Grenze genannt. Es ist der Panamákanal in Panamá.
Eine Abgrenzung nach Staaten zählt Kanada und die USA zu Nordamerika. Die Staaten der Landbrücke und die Inseln im Karibischen Meer zählen dann zu Mittelamerika. Südamerika beginnt mit Kolumbien.

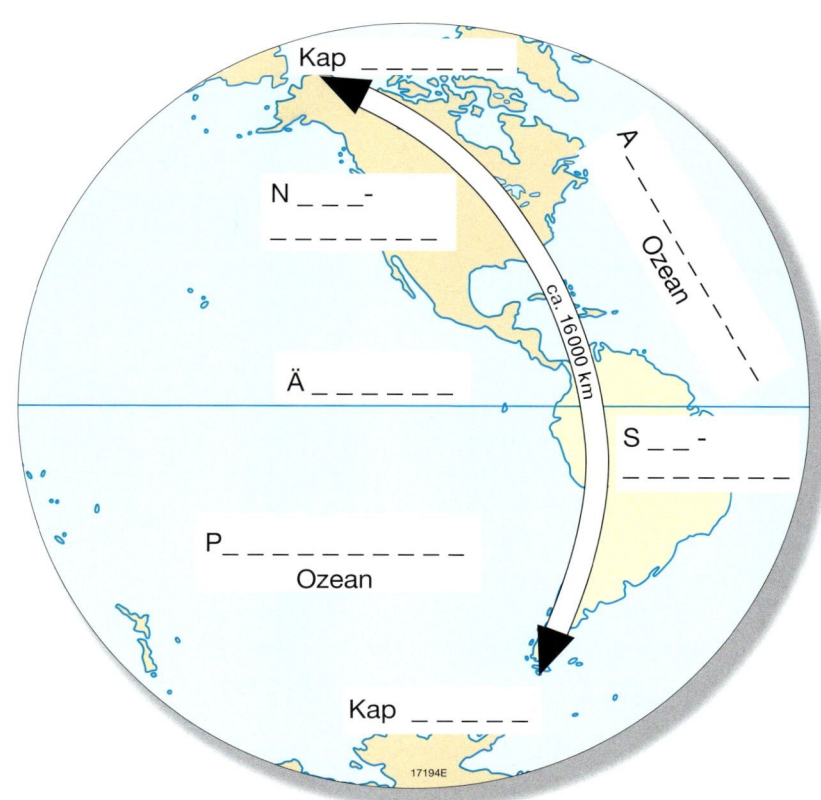

1. Ergänze die fehlenden Namen in der Karte oben und im Text unten.

2. Setze in den Text die Namen folgender Entdecker und Eroberer ein: *Cortez, Amerigo Vespucci, Wikinger, Kolumbus, Pizarro, Balboa* – Ergänze auch die beiden Kontinente.

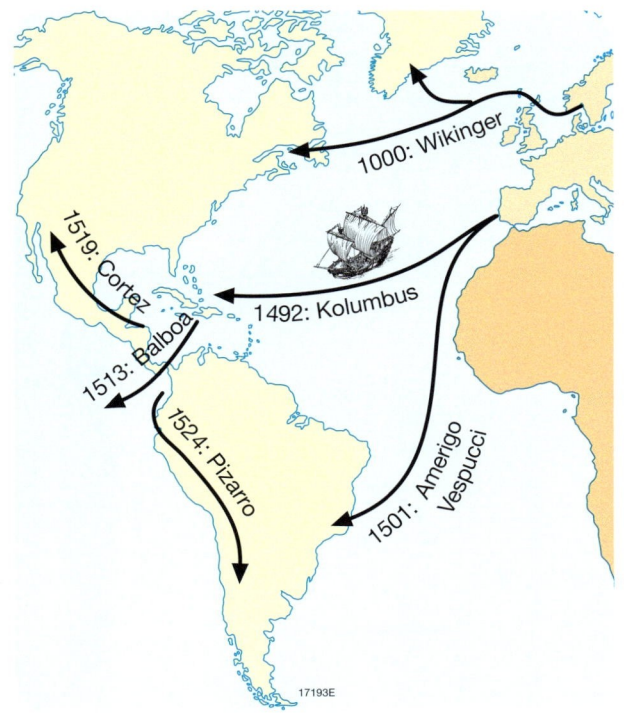

Amerika – Entdeckung der „neuen Welt"

Um das Jahr 1000 gelangten die _____ nach Nordostkanada, auf den Kontinent _____ .
Ihre wagemutigen Fahrten sind jedoch kaum bekannt.
So gilt denn heute als Entdecker der „neuen Welt"
_____ , der 1492 auf der Insel Guanahani (heute San Salvador, eine Insel der Bahamas) landete.
Ihm folgten spanische und portugiesische Eroberer
wie 1513 _____ und 1524 _____ ,
der die mächtigen Inka in _____ besiegte.
Die Reiche der Maya, Azteken und Tolteken wurden
1519 von _____ für Spanien erobert.
Obwohl er nicht als der Entdecker Amerikas gilt, hat
Amerika seinen Namen von _____ ,
einem Italiener, der mehrmals Südamerika besuchte.

Auf der Panamericana

i Der Doppelkontinent Amerika wird von vielen Abenteurern vom Norden Alaskas bis zur Südspitze Feuerlands durchquert.

1. Fahre die Strecke der Panamericana (7 Etappen und Abstecher) auf den Karten nach. Ergänze die Textlücken.

Zweite Etappe: Die _ _ _ .

Ab Seattle verläuft der Highway zwischen den Bergen der Küstenkette und der Kaskadenkette nach Süden in das Kalifornische Längstal.

Von S _ _ F _ _ _ _ _ _ _ _ , über Los Angeles bis S _ _ D _ _ _ _ kann man auch die Küstenstraße (Highway Nr. 1) entlang fahren.

Erste Etappe: Durch A _ _ _ _ _ (USA) und K _ _ _ _ _ .

Die Reise auf dem Panamerican Highway beginnt in Fairbanks in Alaska. Durch die Rocky Mountains und durch Kanada führt die Route an den _ _ _ _ _ _ _ _ _ _ Ozean.

Dritte Etappe: M _ _ _ _ _ _ .

Hinter Tuscon verlässt der Panamarican Highway die USA. Von der Fernstraße, die ab Mexiko als Panamericana bezeichnet wird, wird ein Abstecher nach N _ _ _ _ _ _ _ _ _ _ _ _ _ _ gemacht. Die Panamericana führt hier als Asphaltstraße zur mexikanischen Südgrenze.

Vierte Etappe: Von G _ _ _ _ _ _ _ _ bis P _ _ _ _ _ .

Über die Staaten G _ _ _ _ _ _ _ _ , E _ S _ _ _ _ _ _ _ _ , H _ _ _ _ _ _ _ , N _ _ _ _ _ _ _ _ und C _ _ _ _ R _ _ _ erreichen die Reisenden P _ _ _ _ _ und seine gleichnamige Hauptstadt. Hier müssen sie die Fahrt anders fortsetzen, denn die Regenwaldpiste nach Südamerika führt durch unpassierbares Sumpfgebiet. Möglich ist zum Beispiel eine Fahrt mit einem Bananenfrachter nach K _ _ _ _ _ _ _ _ . Das nächste Ziel ist der Hafen von B _ _ _ _ _ _ _ _ _ _ _ .

Map labels

Fairbanks
E _ _ _ _ _ _ _
V.
Seattle
S. F.
Los Angeles
S. D.
Tucson
D _ _ _ _ _
E _ P _ _ _
H _ _ _ _ _ _
Mexiko-Stadt
Guatemala
T _ _ _ _ _ _
N _ _ Y _ _ _
P.
Medel
B.
B.
Cali
Q.
Guayaquil
L.

Legende

~~ Fluss
Salzpfanne
See
Staatsgrenze
● Stadt

0 — 1000 km

Fünfte Etappe: K _ _ _ _ _ _ _ _ und E _ _ _ _ _ _ .

Von Cali führt eine Bergstraße durch die Kordilleren nach Medellín. Von hier aus geht es in die Hauptstadt Kolumbiens: B _ _ _ _ _ . Über eine Andenstraße erreichen wir die Hauptstadt Ecuadors: Q _ _ _ _ .

Sechste Etappe: P _ _ _ und B _ _ _ _ _ _ _ .

Die Panamericana verläuft nun als gut ausgebaute Küstenstraße über weite Strecken direkt am Pazifik entlang.

Lohnenswert ist ein Abstecher von der peruanischen Hauptstadt L _ _ _ zur Inkastadt Machu Picchu. Über Cuzco wird die abenteuerliche Fahrt durch die Anden fortgesetzt bis nach L _ P _ _ in B _ _ _ _ _ _ _ . Bei Arica geht es dann wieder auf die Panamericana.

Siebente Etappe: C _ _ _ _ .

An der chilenischen Grenze beginnt die Wüste A _ _ _ _ _ _ _ . Über 1 000 km führt der Weg jetzt durch Dünen oder Geröll. Nur in den Flusstälern gibt es Vegetation und Anbauflächen. Bei P _ _ _ _ _ M _ _ _ _ endet die Panamericana. Von hier aus ist eine Schiffsreise nach P _ _ _ _ A _ _ _ _ _ an der Magellanstraße möglich.

Angloamerika
Hier wird überwiegend englisch gesprochen.

Lateinamerika
Hier werden überwiegend die Sprachen Spanisch und Portugiesisch gesprochen, die sich aus dem Lateinischen entwickelt haben.

2. Vervollständige die Karten zu Anglo- und Lateinamerika. Trage die Städtenamen ein.

Abstecher nach A _ _ _ _ _ _ _ _ _ _ .

Von Chile aus sind mehrere Übergänge über die A _ _ _ _ nach Argentinien möglich, vor allem im Süden wegen der geringen Gebirgshöhe. Ein lohnenswerter Abstecher führt nördlich von der chilenischen Hauptstadt S _ _ _ _ _ _ _ nach B _ _ _ _ _ A _ _ _ _ , der Hauptstadt Argentiniens. Nun kann man auf einer Straße entlang des A _ _ _ _ _ _ _ _ _ _ Ozeans bis nach Feuerland fahren.

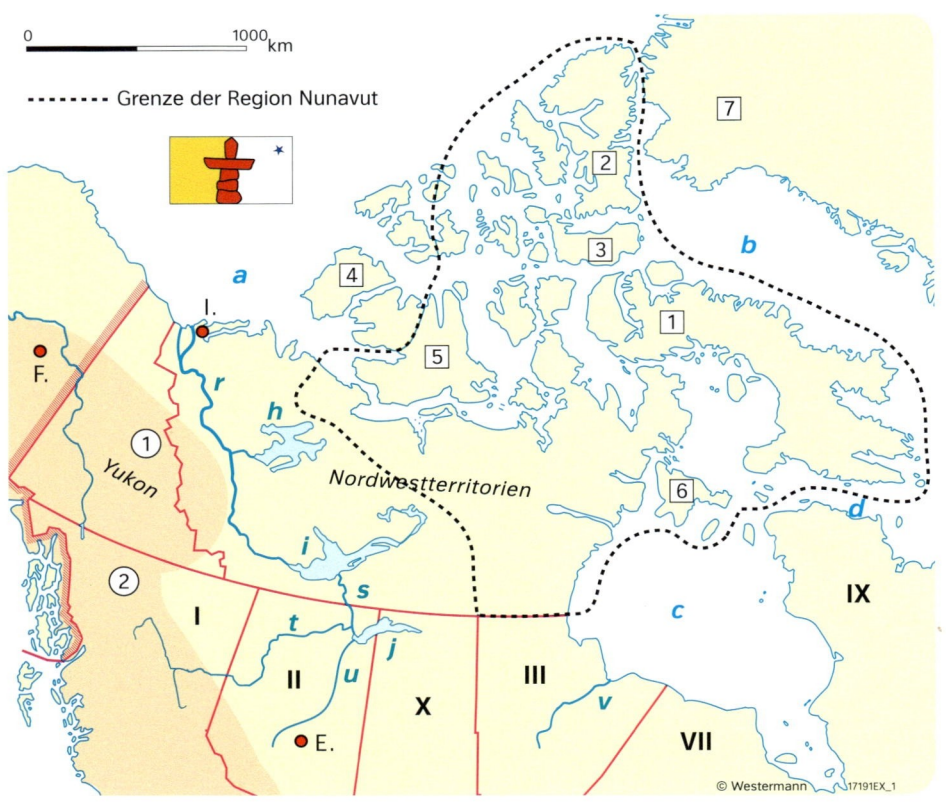

0 — 1000 km

┄┄┄┄ Grenze der Region Nunavut

© Westermann   17191EX_1

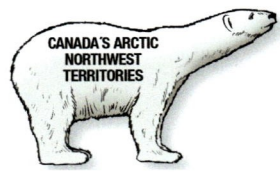

Wo liegt Nunavut?

Die Regierung Kanadas gewähr-te 1991 den Inuit (früher Eskimos genannt) ein Siedlungsgebiet über mehr als eine Million km² Land in den Gebieten der Nord-westterritorien. Nunavut heißt in der Sprache der Inuit „unser Land"). Hier haben etwa 41 000 arktische Indigene umfassende politische Rechte und Jagdrechte.

CANADA'S ARCTIC NORTHWEST TERRITORIES

1. Fülle die auf alle drei Kartenausschnitte bezogenen Schriftfelder aus.

Inseln	
1	
2	
3	
4	
5	
6	
7	(zu Dänemark, autonome Region)

Gebirge	
①	
②	

Provinzen Kanadas	
I	
II	
III	
IV	
V	
VI	
VII	
VIII	
IX	
X	

Meeresbuchten und Meeresstraßen	
a	
b	
c	
d	
e	
f	
g	

Städte and der Route des „Canadian"	
V.	
C.	
M.H.	
R.	
W.	
K.	
T. B.	
Su.	
T.	
O.	
M.	

Seen	
h	
i	
j	

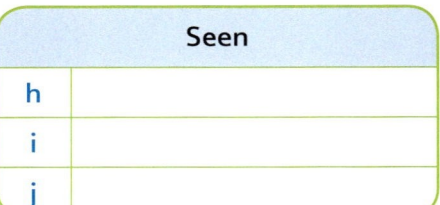

Weitere Städte	
I.	
F.	
E.	
Q.	
H.	

© **westermann**

Gewusst wo!

Seen	
k	
l	
m	
n	
o	
p	
q	

Flüsse	
r	
s	
t	
u	
v	

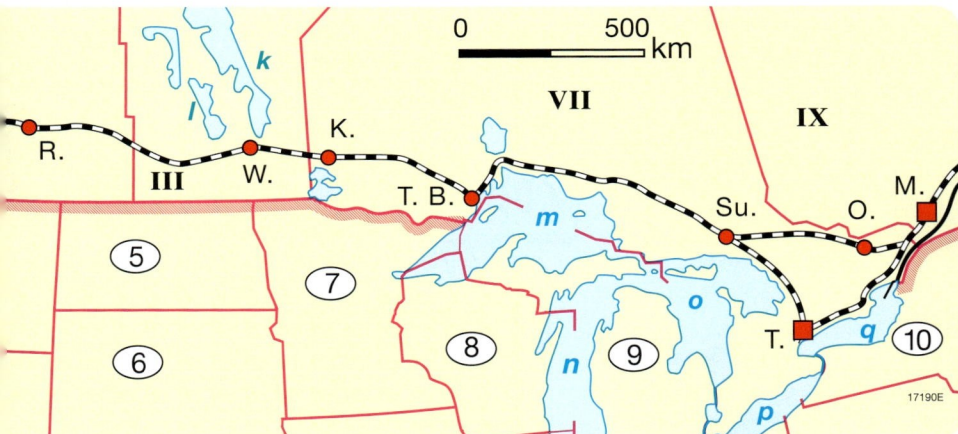

Bundesstaaten der USA			
1		6	
2		7	
3		8	
4		9	
5		10	

Quebec – wo Kanada Französisch spricht

Neben Englisch ist Französisch die zweite Amtssprache Kanadas. Rund ein Viertel der etwa 39 Millionen Kanadierinnen und Kanadier spricht Französisch. Die Franko-Kanadier leben in der Provinz Quebec.

2. Schraffiere in der Karte links die Provinz Quebec rot.

„The Canadian"

Tausende Arbeiter bauten dreizehn Jahre lang an der knapp 5 000 km langen transkontinentalen Eisenbahnlinie Kanadas. „The Canadian" verbindet das Land von Vancouver im Westen bis Montreal im Osten.

3. Male die Flagge Kanadas aus.

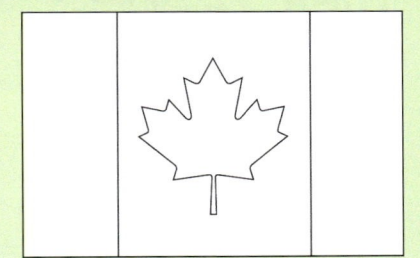

Gewusst wo!

17201EX_1 © Westermann

1. Bearbeite diese Übungskarte der USA. Sie verschafft dir einen Überblick über einige Städte, Gewässer, Gebirge und Berge sowie Bundesstaaten.

Unterwegs auf der „Route 66"

Der lindgrüne Buick, Baujahr 1941, schwingt gemütlich durch die Kurve. Er gleitet vorbei an endlos erscheinenden Mais- und Weizenfeldern, später gehen sie über in Viehweiden.

Cynthia und Bobby Troup sind unterwegs nach Westen auf der „Route 66", der wohl berühmtesten Straße der USA. Sie führt über etwa 2400 Meilen von Chicago nach Los Angeles.

2. Suche die Lage dieser Bundesstaaten im Atlas. Trage die Großbuchstaben in die Kreise auf der Karte oben ein.

3. Setze die Namen von Bundesstaaten und Städten entlang der Route
66 (siehe Karte) in den Liedtext ein.

„Route 66"

(Lied von Bobby Troup; gekürzt)

If you ever plan to motor west,

take my way, the highway that's the best.

It winds from C _ _ _ _ _ _ to L . _ . ,

more than 2000 miles all the way.

Get your kicks on Route 66.

It goes through St. _ _ _ _ _ ,

Joplin / M _ _ _ _ _ _ _ ,

O _ _ _ _ _ _ _ C _ _ _ looks oh, so pretty.

You'll see Amarillo,

Gallup / N _ _ M _ _ _ _ _ .

Get your kicks on Route 66.

Flagstaff / A _ _ _ _ _ _ , don't

forget Winona, Kingman, Barstow,

San Bernadino. Won't you get hip to this kinly tip,

when you make that C _ _ _ _ _ _ _ _ _ trip?

Get your kicks on Route 66.

Städte	
S. F.	
L. A.	
De.	
K. C.	
St. L.	
H.	
N. O.	
C.	
Da.	
Mi.	
W.	
N. Y.	
S.	
D.	
O. C.	
B.	

Seen (Auswahl)		
Name des Sees	Fläche in km²	US-Bundesstaat mit dem größten Anteil
a	2 600	
b	82 410	
c	58 020	
d	59 600	
e	25 720	
f	19 480	

Flüsse (Auswahl)		
Name des Flusses	Länge in km	US-Bundesstaat, in dem die Quelle liegt
g	2 330	
h	3 030	
i	3 780	
j	3 780	
k	2 010	
l	3 060	

Berge (Auswahl)		
Name des Berges	Höhe in m	US-Bundesstaat
	▲ 4 421	
	▲ 4 392	
	▲ 4 317	
	▲ 4 202	

Suchbegriff/Signatur	Spielzeichen	Anzahl
Eisen- und Stahlerzeugung	dunkelblau ☐	10 x
Maschinenbau bzw. Metallindustrie	hellblau ☐	10 x
Kraftfahrzeugbau/Fahrzeugbau	violett ☐	5 x
Schiffbau	rot ☐	3 x
Hightech, Elektronik	orange ☐	3 x
Steinkohle	schwarz ☐	5 x
Weizen/Mais	gelb ☐	30 x
Wiese/Weide	hellgrün ☐	12 x
Tabak	hellbraun ☐	10 x
größere Waldgebiete	dunkelgrün ☐	40 x

Schnurgerade verläuft die Straße von Indianapolis nach Chicago. Ein Mann steht in der Mittagshitze an einer Bushaltestelle. Er wartet auf den Bus. So weit das Auge reicht nur ebenes, flaches Land, schier endlose Weizen- und Maisfelder. Aus der Ferne nähert sich ein Flugzeug mit Ungeziefergift an Bord …

Soweit eine der Szenen im Film „der unsichtbare Dritte" von Alfred Hitchcock. Sie wurde im US-Bundesstaat Indiana gedreht. Indiana und seine nordöstlichen Nachbarstaaten bilden das Herzland der USA. Neben riesigen Landwirtschaftsflächen entwickelte sich hier dank Kohle und Eisenerz die US-amerikanische Schwerindustrie, der Fahrzeug- und Maschinenbau. Heute sind Hightech- und Elektronikindustrie als wichtige Industriezweige dazugekommen.

1. Suche diese Atlassignaturen. Trage einige Bundesstaaten und Städte der USA ein.

Eisen- und Stahlerzeugung

_____

_____

_____

Schiffbau

_____

_____

_____

Metallindustrie, Maschinenbau

_____

_____

_____

Hightech, Elektronik

_____

_____

_____

Kraftfahrzeugbau

_____

_____

_____

Steinkohle

_____

_____

_____

Gewusst wo!

17201EX_1 © Westermann

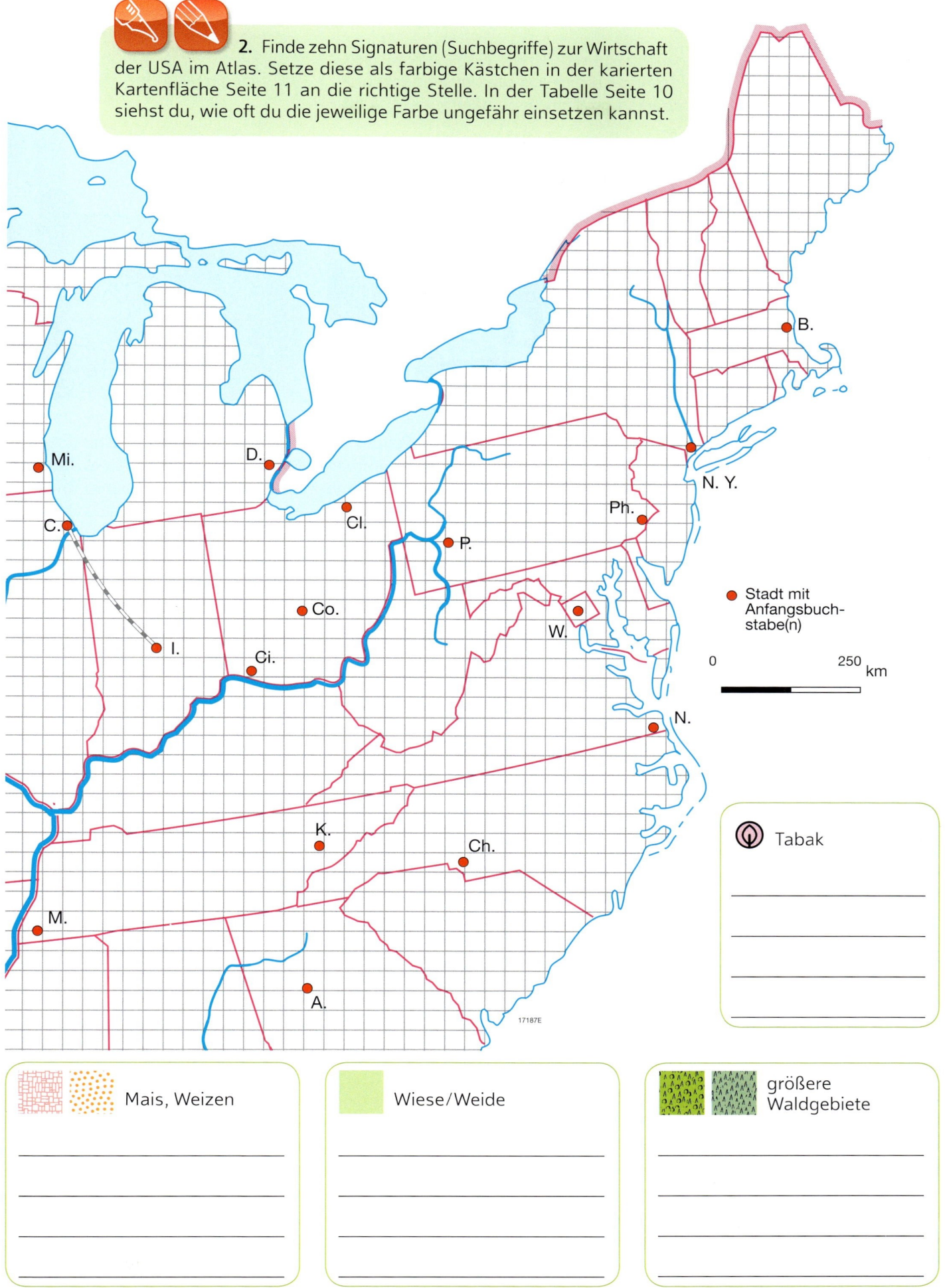

TOP+

2. Finde zehn Signaturen (Suchbegriffe) zur Wirtschaft der USA im Atlas. Setze diese als farbige Kästchen in der karierten Kartenfläche Seite 11 an die richtige Stelle. In der Tabelle Seite 10 siehst du, wie oft du die jeweilige Farbe ungefähr einsetzen kannst.

B.

Mi.

D.

C.

Cl.

N. Y.

Ph.

P.

● Stadt mit Anfangsbuch-stabe(n)

Co.

W.

I.

Ci.

0   250 km

N.

K.

Ch.

Ⓞ Tabak

M.

17187E

_____

_____

_____

_____

A.

▨ ⣿ Mais, Weizen

_____

_____

_____

_____

▨ Wiese/Weide

_____

_____

_____

_____

▨ ▨ größere Waldgebiete

_____

_____

_____

_____

Im Westen der USA liegen weltberühmte Städte wie San Francisco, Los Angeles und Las Vegas. Gleichzeitig beeindruckt die Naturlandschaft der Rocky Mountains mit Nationalparks und Naturdenkmälern.

Hollywood, ein Stadtteil von Los Angeles, ist das Zentrum der amerikanischen Filmindustrie. Hier wurde 1908 der erste Film gedreht. Die lange Sonnenscheindauer in Kalifornien erlaubte in der Frühzeit des Films längere Drehzeiten, als sie zum Beispiel in New York möglich waren.

Las Vegas ist die „Unterhaltungshauptstadt" der Welt. Nach Einbruch der Dunkelheit ist es hier beinahe so hell wie am Tag. Die Stadt erstrahlt in einem gleißenden Gewirr von Leuchtstoffreklamen. Täglich strömen 40000 Besucher in die Stadt, die sich an Spielautomaten vergnügen oder Theateraufführungen mit weltbekannten Stars besuchen. Hier befindet sich auch das größte Hotel der Welt mit 5000 Betten.

Monument Valley ist eine Wüstenlandschaft an der Grenze Utah/Arizona mit steil aufragenden Tafelbergen und Felssäulen. Das Tal liegt in einem Reservat indigener Einwohner. Im Monument Valley wurden viele Westernfilme gedreht. Besonders eindrucksvoll sind die bis zu 300 m hohen Sandsteinkegel.

Städte		US-Bundesstaaten		Meere, Seen, Flüsse	
S.		①		a	
Po.		②		b	
Sa.		③		c	
S.F.		④		d	
F.		⑤		e	
L.A.		⑥		f	
S.D.		⑦		g	
L.V.		⑧		h	
R.		⑨		i	
B.		⑩			
S.L.G.		⑪			
P.H.					
D.					
A.					

1. Fülle die Schriftfelder mithilfe der Karte auf Seite 13 aus.

Gewusst wo!

17201EX_1   © Westermann

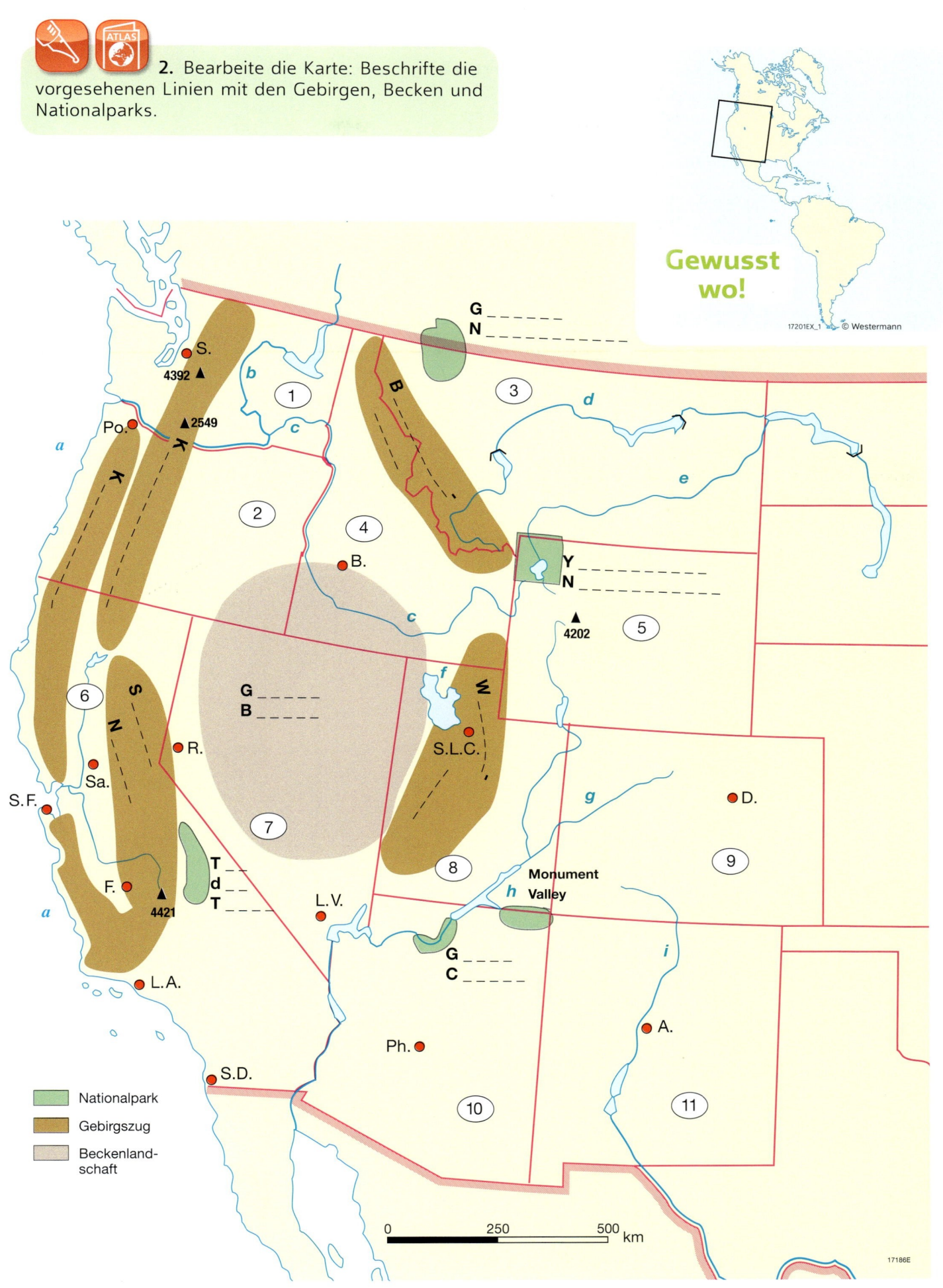

G _ _ _ _ _ _ _
N _ _ _ _ _ _ _ _

S.
4392 ▲

Po.
▲2549

K
K

a

b

1

c

B

3

d

e

2

4

B.

c

Y _ _ _ _ _ _ _
N _ _ _ _ _ _ _ _

▲
4202

5

f

G _ _ _ _ _
B _ _ _ _ _

W

6

S
N

R.

Sa.

S.F.

F.
▲
4421

a

T _ _
d _ _
T _ _ _ _

L.V.

7

S.L.C.

8

g

D.

9

h   Monument
    Valley

G _ _ _ _
C _ _ _ _ _

L.A.

i

A.

Ph.

10

11

S.D.

Nationalpark

Gebirgszug

Beckenland-
schaft

0   250   500
                      km

17186E

© **westermann**

13

Mittelamerika besteht aus der Landbrücke zwischen den USA und Kolumbien sowie den Inseln im Karibischen Meer. Hier ist „Onkel Tuca" zu Hause – eine von vielen Bananenmarken, die von internationalen Firmen exportiert werden. Das vorherrschende feuchtheiße Tropenklima ist ideal für den Anbau von Südfrüchten, Kaffee, Baumwolle und Zuckerrohr. Die Inseln der Karibik sind beliebte Ferienziele.

Gebirge/Berge	
①	
②	
③	
▲ 5 700	
▲ 5 452	
▲ 3 819	
Fluss/See	
a	
b	

Inselstaaten	
12	_____ ( )
13	_____ ( )
14	_____ ( )
15	_____ ( )
16	_____ ( )

1. Notiere die Namen der Exportstaaten von Bananen und Kaffee.

Café Pedro: _____

Carizo: _____

Del Monte: _____

Coriban: _____

Onkel Tuca: _____

bananos: _____

Fyffes: _____

Chiquita: _____

Staaten Mittelamerikas (Festland)	
1	_____ ( )
2	_____ ( )
3	_____ ( )
4	_____ ( )

Staaten Mittelamerikas (Festland)	
5	_____ ( )
6	_____ ( )
7	_____ ( )
8	_____ ( )

Staaten aus Nord- und Südamerika	
9	_____ ( )
10	_____ ( )
11	_____ ( )

Name des Staates
(Hauptstadt)

17	
18	
19	
20	
21	
22	
23	
24	

Städte	
Ch.	
C.	
Mo.	
G.	
L.	
T.	
A.	
V.	
Mer.	
Col.	

Gewusst wo!

17201EX_1 © Westermann

1 – 11 Festlandsstaaten

12 – 24 Inselstaaten

0 ——— 500 km

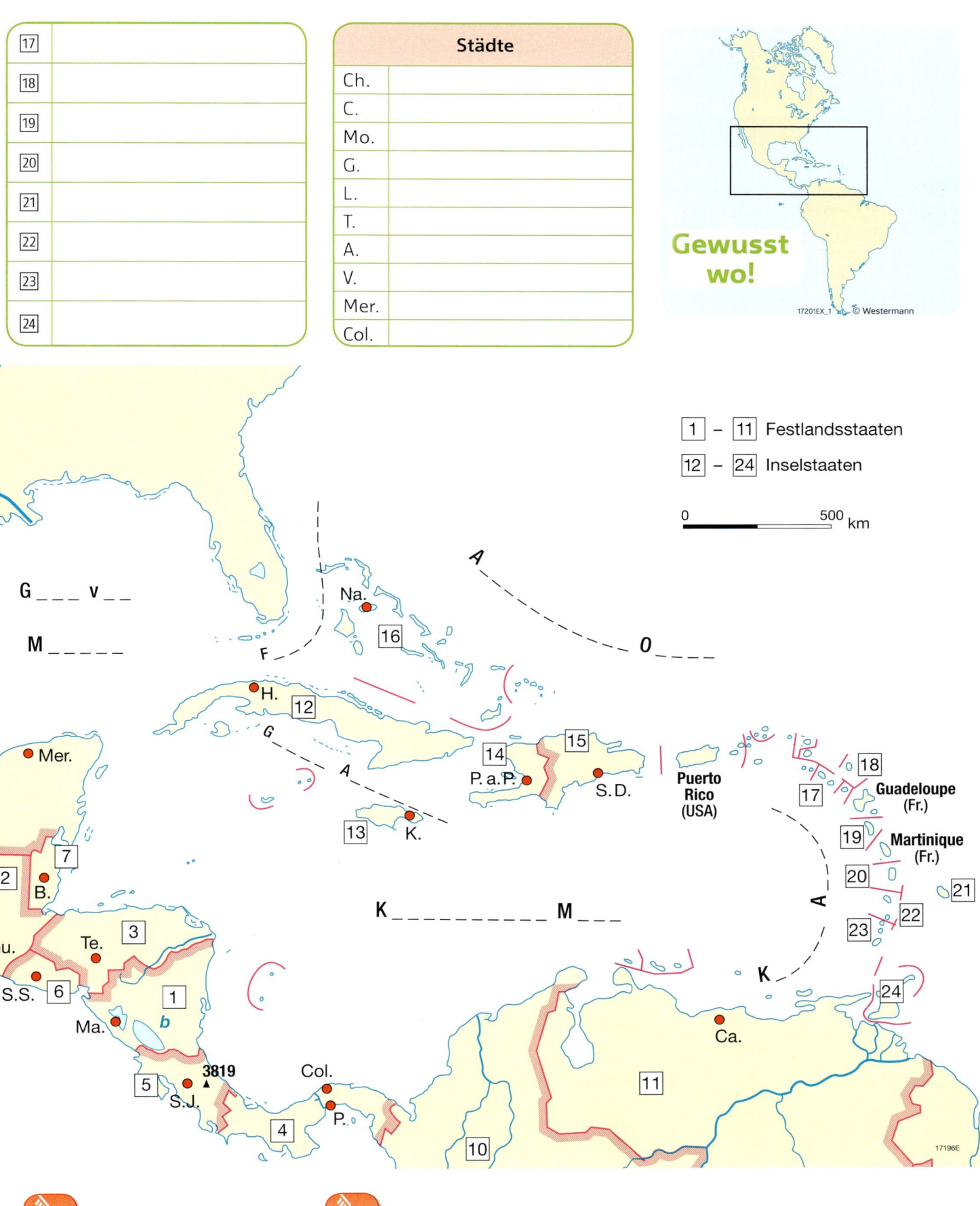

2. Fülle die Tabellen aus.

3. Beschrifte die Karte mit den Namen der Meere, Meeresteile, Inselgruppen sowie einer Meeresstraße.

Begehrter Rohstoff: Kautschuk

„In Brasilien wächst ein Baum namens Hevea. Wenn man nur einen kleinen Schnitt in seine Rinde macht, tritt daraus eine milchige Flüssigkeit hervor. Kommt sie mit Luft in Berührung, wird sie hart und nimmt eine schwarze Farbe an. Die indigene Bevölkerung nennt diese Flüssigkeit ‚Cahutschu' (deutsch: Kautschuk); das bedeutet: der Baum, der weint."

Dieser wissenschaftliche Bericht aus dem 19. Jahrhundert löste in Europa ein Kautschuk-Fieber aus. 1888 entwickelte Boyd Dunlop in Irland für das Dreirad seines zehnjährigen Sohnes den ersten Ventilschlauch aus Kautschuk. Vier Jahre später stellte der Franzose Michelin den ersten Autoreifen aus Kautschuk her. Kautschuk wurde eine begehrte Ware. Für Brasilien bedeutete dies einen ungeheuren Wirtschaftsaufschwung. 80 Millionen Hevea-Bäume auf drei Millionen Quadratkilometern wurden angezapft. Mitten im tropischen Regenwald am Amazonas entstand Manaus. Ein ungeheurer Luxus prägte die Stadt. Es wurde sogar ein Opernhaus gebaut.

1. Trage die beiden Landschaftsnamen in die Karte ein und fülle die Tabellen aus.

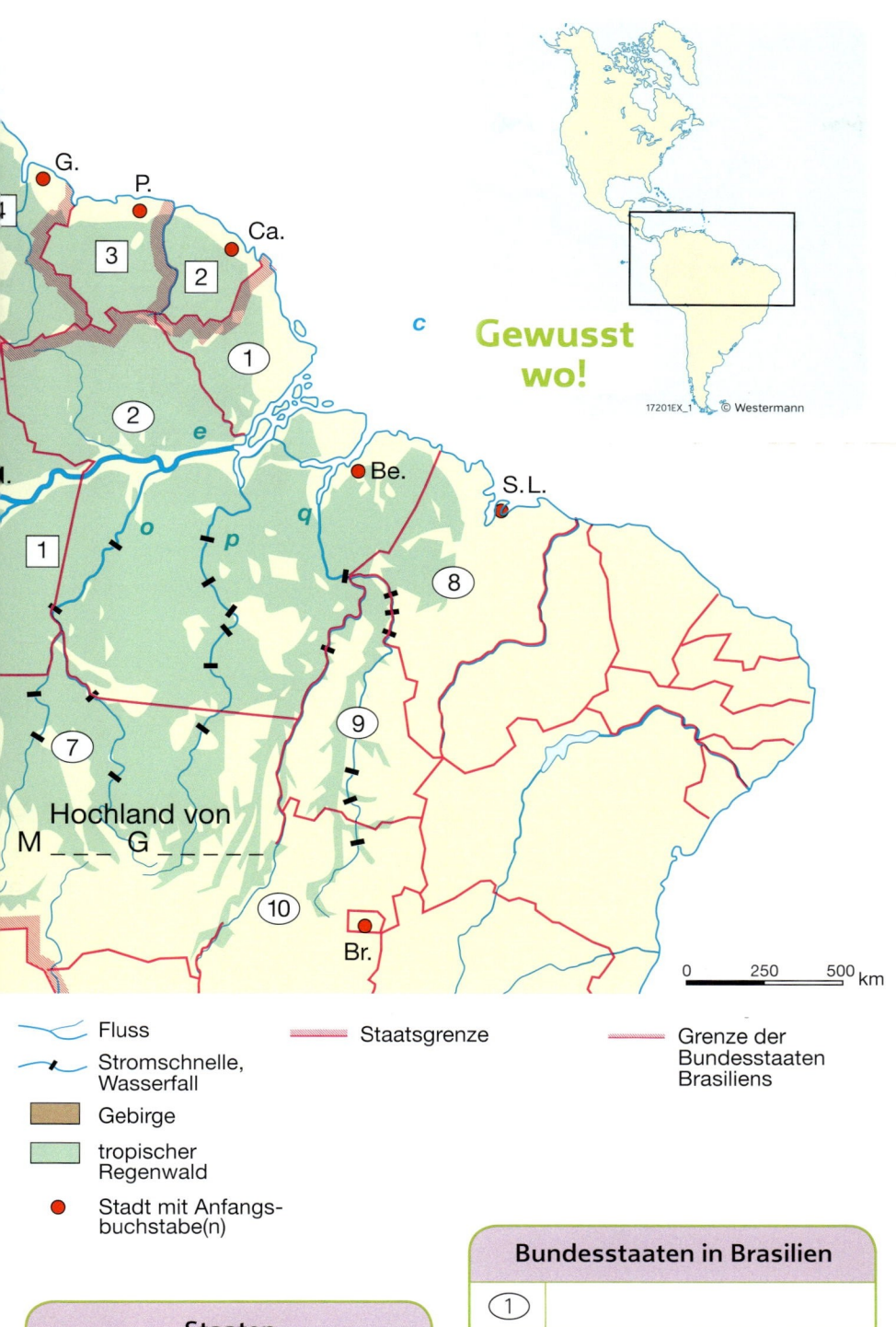

Gewusst wo!

17201EX_1 © Westermann

G.
P.
Ca.
3
2
1
2
e
Be.
S.L.
1
o
p
q
8
7
9
Hochland von
M _ _ _ G _ _ _ _
10
Br.

Legend:

- ～ Fluss
- ～ Stromschnelle, Wasserfall
- ▬ Gebirge
- ▬ tropischer Regenwald
- ● Stadt mit Anfangsbuchstabe(n)
- ▬ Staatsgrenze
- ▬ Grenze der Bundesstaaten Brasiliens

0   250   500 km

Meere, Seen, Flüsse	
a	
b	
c	
d	
e	
f	
g	
h	
i	
j	
k	
l	
m	
n	
o	
p	
q	

Städte	
Ba.	
C.	
G.	
P.	
Ca.	
Be.	
S.L.	
B.	
Q.	
Gu.	
I.	
B.V.	
M.	
P.V.	
Br.	
L.	
L.P.	

Staaten	
1	
2	
3	
4	
5	
6	
7	
8	
9	

Bundesstaaten in Brasilien	
1	
2	
3	
4	
5	
6	
7	
8	
9	
10	

Gebirge	
1	
2	
3	
4	

Kolumbien

Qu.

Gu.

1

a

c

b

2

3

Tr.

▲ 6768

A _ _ _ _

Ca. Li.

Cu.

4

d

▲ 6425

A _ _ _ _

e

Ar.

L.P.

▲ 6438

Flüsse, Seen	
a	
b	
c	
d	
e	
f	
g	

Or.

S.C.

6542 ▲

f

A _ _ _ _

Uyuni

Ollague

5

g

An.

▲ 6723

6

7

Co.

8

Va. Sa. Me.

Der Zug ruckt an. Im Osten liegt der 6 880 m hohe_ _ _ _ _ _ _ _ . Die Gipfel der Anden sind mit Schnee bedeckt. Unser Zug schaukelt wie ein Dampfer auf hoher See. Wir fahren über den A _ _ _ _ _ _ _ _ , eine Grassteppe. Lamas, Schafe, einige Hütten aus Lehmziegeln ziehen vor den Fenstern vorbei. Am Abend erreichen wir O r _ _ _ . Unser Waggon ist brechend voll. Im Mittelgang stapeln sich offene Kartons und Koffer mit Schuhen, Socken, Pullovern, Esswaren und Zigaretten. Die Fahrt geht weiter. Es ist eiskalt. Wir holen für die Nacht unsere Alu-Decken aus dem Rucksack.

Um sechs Uhr früh erreichen wir Uyuni. Von hier aus geht eine Bahnlinie nach ⑦ A _ _ _ _ _ _ _ _ _ _ . Aber wir fahren weiter in Richtung ⑥ _ _ _ _ . Am Abend kommen wir am Ziel, in A _ _ _ _ _ _ _ _ _ _ , an. Die Stadt liegt in der Wüste A _ _ _ _ _ _ .

 Von La Paz nach Antofagasta

Einmal in der Woche fährt der Zug von L _ P _ _ , dem Regierungssitz von _ _ _ _ _ _ _ _ , nach A _ _ _ _ _ _ _ _ _ _ am P _ _ _ _ _ _ _ _ _ _ O _ _ _ _ . Es ist sechs Uhr früh. Wir stehen frierend in fast 4 000 m Höhe in der Bahnhofshalle. Unser Zug fährt ein. Menschen mit bunten Tüchern, Ponchos, Unmengen von Säcken, Kisten und Koffern stürmen die altersschwachen US-Waggons. Es herrscht eine unvorstellbare Enge. Hier werden wir es 48 Stunden aushalten müssen.

 1.a Verfolge die Reise auf der Karte Seite 18 und ergänze den Lückentext Seite 19.
1.b Vervollständige die Karte mit den Namen der drei Landschaften und fülle die Tabellen aus.

Berge		
Name des Berges	Höhe in m	Staat
	▲ 6 768	
	▲ 6 425	
	▲ 6 438	
	▲ 6 542	
	▲ 6 723	

Städte	
Qu.	
Gu.	
Tr.	
Ca.	
Li.	
Cu.	
Ar.	
S. C.	
Va.	
Sa.	
Me.	
Co.	

Staaten			
①		⑤	
②		⑥	
③		⑦	
④		⑧	

Impressum

Bildquellen: |Interfoto, München: Sammlung Rauch 6.1. |Naumann, Andrea, Aachen: 19.2. |Nußbaum, Dennis, Koblenz: 2.1, 4.1, 5.1, 5.2, 5.3, 6.2, 7.1, 8.1, 8.2, 8.3, 9.1, 9.2, 10.1, 12.1, 12.2, 12.3, 14.1, 14.2, 16.1, 16.2, 16.3, 19.1. |stock.adobe.com, Dublin: Bartussek, Ingo Titel.

© 2010 Bildungshaus Schulbuchverlage Westermann Schroedel Diesterweg Schöningh Winklers GmbH, Georg-Westermann-Allee 66, 38104 Braunschweig
www.westermann.de

Druck C^2 / Jahr 2024
Alle Drucke der Serie C sind im Unterricht parallel verwendbar.

Herausgeber: Peter Kirch
Autoren: Peter Kirch, Jürgen Nebel
Redaktion: Patrick Thies
Illustrationen: Dennis Nußbaum
Druck und Bindung: Westermann Druck GmbH, Georg-Westermann-Allee 66, 38104 Braunschweig

ISBN 978-3-14-114429-1

© *westermann*